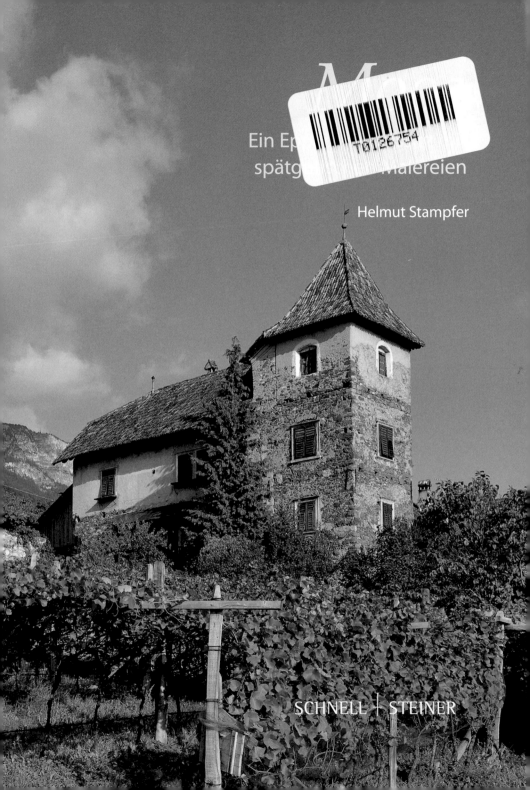

M

Ein Ep

spätg   malereien

Helmut Stampfer

SCHNELL │ STEINER

Gesamtansicht, Zeichnung von Johanna von Isser Großrubatscher (1802–1880)

Lage

Südwestlich von Bozen, rund 200 Meter höher als das Etschtal, breitet sich das Überetsch mit zahlreichen Dörfern und Einzelbauten aus, die, den alten Gerichtsbezirken entsprechend, die Gemeinden Eppan und Kaltern bilden. Die Gegend ist nicht nur wegen des Weinbaus von altersher bekannt, sie wurde aufgrund der zahlreichen Burgen, Schlösser und Ansitze zu Recht als das Adelsparadies Tirols bezeichnet. Johann Jakob Staffler schreibt schon 1846 *Eppan war eine der beliebtesten Wohnstätten des Adels. Zahlreiche Adelsfamilien bauten sich hier unter freundlichem Himmel auf fruchtbarem Boden, wo die Natur mit vollen Händen austeilt, ihre Sitze und Schlösser.*

Bereits in vorgeschichtlicher Zeit lockten die sonnigen Terrassen zwischen dem Fuße der Mendel und dem Kalterer See Siedler an und haben seit damals nichts von ihrer Anziehungskraft verloren. Oberhalb von St. Michael und von dort nicht einsehbar erstreckt sich südwestlich der markanten Gleifkirche eine nach Süden leicht abfallende Terrasse, die bis heute von Zersiedelung weitgehend verschont geblieben ist. Unterhalb der Straße fällt eine ausgedehnte Baugruppe mit mehreren Wohnhäusern, Wirtschaftsgebäuden und einer Kapelle auf. Sie war zwar nie befestigt, Marx Sittich von Wolkenstein hat sie aber bereits um 1600 als Schloss Moos bezeichnet. Bezog sich ursprünglich der Name auf das gesamte Architekturensemble, so ist er seit der um die Mitte des 19. Jahrhunderts erfolgten Aufteilung unter mehrere Eigentümer nur mehr für das Herrenhaus in der Südwestecke der weitläufigen, ehemals mit einer Mauer umgebenen Anlage gebräuchlich. Der Name leitet sich von einem nahe gelegenen Weiher ab, den Marx Sittich von Wolkenstein im Anschluss an die schönen Güter und das Einkommen des Schlosses eigens erwähnt. Johanna von Isser-Großrubatscher hat in den 1840er Jahren südöstlich unterhalb des Schlosses den Weiher mit Enten und Kühen zeichnerisch festgehalten.

Geschichte

Der älteste Bauteil von Schloss Moos, der Wohnturm in der Nordostecke, wurde bisher übereinstimmend in die Mitte des 13. Jahrhunderts datiert. Aufgrund der jüngst erfolgten dendrochronologischen Datierung mehrerer Deckenbalken lässt sich nun die Entstehungszeit des Kernbaues auf die Jahre 1299/1303 festlegen. Sehr wahrscheinlich entspricht er der *domus murata*, dem gemauerten Haus, das Wolflin von Firmian 1309 bewohnt und dafür dem Domkapitel von Trient Zins bezahlt hat. Die Herren von Firmian, seit 1144 als Ministerialen der Bischöfe von Trient urkundlich nachweisbar, nannten sich nach der Befestigung *Formicaria*, der wichtigsten bischöflichen Burg im Bozner Talbecken, die im späten 15. Jahrhundert, nachdem sie der Tiroler Landesfürst Erzherzog Sigmund der Münzreiche erworben hatte, ihm zu Ehren den Namen Sigmundskron erhielt.
Die ältere Meinung, dass Heinrich von Rottenburg 1356 Schloss Moos erbaut habe, lässt sich demnach nicht halten.

Das Schloss blieb im Besitz der Firmianer von Moos, bis sie gegen Ende des 15. Jahrhunderts ausstarben. Der letzte männliche Nachkomme, Ritter Georg von Firmian zu Moos und Hocheppan, war 1470 Hauptmann von Buchenstein. Zwischen 1468 und 1489 begegnet er mehrmals in den Urkunden des Hochstifts Trient anlässlich der Präsentation von Pries-

Wappen der Herren von Schulthaus über der Eingangstür

Nebengebäude von Osten, das Hauptgebäude links im Hintergrund, Zeichnung von J. C. 1873 (Sammlung Walther Amonn)

tern für den von ihm gestifteten und dotierten Leonhardsaltar in der Pfarrkirche von St. Pauls in Eppan. Laut Aufzeichnungen der Familie von Firmian starb er 1492. Ihm verdanken wir mit großer Wahrscheinlichkeit die spätgotische Ausmalung von Schloss Moos. Georgs Tochter Christine heiratete Jakob von Spaur, der im Erbwege der nächste Eigentümer wurde.

Knapp hundert Jahre später, um 1580, veräußerte Johann Wilhelm von Spaur, der als letzter seiner Linie im Jahre 1600 in den Türkenkriegen umkam, Schloss Moos an den Hauptmann Christoph Tanner von Tann. Auch dieser kämpfte gegen die Türken und fiel 1595 bei der Belagerung von Gran (Esztergom) in Ungarn. Von ihm erwarb es Wilhelm von Lanser, 1608 wurden die Brüder Leonhard und David von Lanser mit dem Prädikat »von Moos« in den Adelsstand erhoben. Obwohl die Lanser das Schloss nicht lange innehatten, verbreitete sich in Eppan die Redensart, »er lebt wie ein Lanser auf Moos« für einen Menschen, der Geld in Hülle und Fülle hat und immer flott lebt (Granichstädten-Czerva).

Durch die um 1615 erfolgte Eheschließung des Hans Caspar von Schulthaus mit Maria Salome von Lanser kam Schloss Moos an diese Familie. 1653 erhielten die Brüder Christoph Wilhelm und Julius von Schulthaus

Haupt- und zwei Nebengebäude von Süden, Zeichnung von Ernst Lösch, um 1900 (Sammlung Walther Amonn)

sowie deren Schwestern die Erlaubnis, das Wappen des ausgestorbenen Geschlechtes der Firmian von Moos mit ihrem zu vereinigen. Mit diesem vermehrten Wappen besiegelt Joseph Anton von Schulthaus die Eigentumserklärung im Theresianischen Kataster von 1775, wobei das Anwesen wie folgt beschrieben wird: *Schloss Moos mit Stuben, Kuchel, Kammer, Kellern, Torggel, Stadel, Stallungen und Hofstatt bezeichnet mit No. 113, darbei stehen zweu Pauleuth häuser auch erbaut mit Stube, Kuchel, kammer, welche behausungen aber als zum Schloss gehörige Gebäude nicht numeriert sind.* Weiters gehörten vier Krautgarten dazu, *alle in einem umfange beysamen,* das heißt von einer Mauer umgeben. Nach der Aufzählung von sechs Grundstücken wird abschließend *ein Stük oeder grund zu einer Vogel Thennen, der gschlegne bichel genant, Paulsner Refier liegend,* erwähnt, ein interessanter Hinweis auf die Vogeljagd in Eppan. Die Bauten befanden sich damals im freien und ungeteilten Eigentum des Joseph Anton von Schulthaus und seiner drei namentlich nicht genannten Geschwister. Nach einer anderen Quelle hatte er drei Schwestern, Rosa, Antonia, Leonore und einen Bruder Karl. Joseph Anton war hingegen alleiniger Besitzer der östlich unterhalb des Schlosses gelegenen Katharina-Kapelle. Ignaz Benedikt von Schult-

Ansicht von Osten, Aquarell von Hans Weber-Tyrol (Sammlung Walther Amonn)

haus (1818–1901) sah sich gezwungen, das verschuldete Schloss Moos um die Mitte des 19. Jahrhunderts seinen Gläubigern zu überlassen.

Die Liegenschaft wurde zerstückelt und verwahrloste rund 100 Jahre lang zusehends, bis sie 1956 von Walther Amonn erworben wurde. Der bekannte Bozner Kaufmann und Kunstmäzen ließ den Bau von Architekt Erich Pattis in Zusammenarbeit mit Nicolò Rasmo, dem Leiter des Staatsdenkmalamtes in Trient, vorbildlich instandsetzen, wobei besonderes Augenmerk auf die Erhaltung des Alterswertes gelegt wurde. Die Arbeiten zogen sich über mehrere Jahre hin und fanden in der Entdeckung und Restaurierung von spätgotischen Wandmalereien ihren Höhepunkt. Gleich-

zeitig wurden Schritt für Schritt die völlig kahlen Räume mit wertvollen Stücken aus den reichhaltigen Sammlungen des Eigentümers liebevoll eingerichtet. Schließlich brachte er 1982 Schloss Moos in die von ihm gegründete Walther-Amonn-Stiftung ein mit dem Ziel, den Bau und seine Ausstattung zu erhalten, kulturell zu nutzen und der Öffentlichkeit zugänglich zu machen. Im Frühjahr 1985 öffnete Schloss Moos seine Tore als kleines, aber feines Museum, das sowohl des originellen Baues als auch seiner Einrichtung wegen einen Besuch lohnt. Auf Ersuchen der Walther-Amonn-Stiftung erklärte sich 2014 das Südtiroler Burgeninstitut bereit, Führung und Verwaltung von Schloss Moos zu übernehmen.

Westansicht

Baugeschichte

D as weitgehend unverputzte Mauerwerk und deutlich sichtbare Nahtstellen zwischen einzelnen Bauteilen erleichtern baugeschichtliche Beobachtungen, die in der Fachliteratur schon relativ früh ihren Niederschlag gefunden haben. So stellte Josef Weingartner 1922 einen *turmförmigen Ansitz* fest, dem er 1929 die beiden niedrigen Rundbogenfenster an der Ostseite zuwies. Martin Rudolph-Greiffenberg, der 1942 den Bau untersucht hat, bezeichnete ihn als *ursprünglich adligen Wohnturm des frühen Mittelalters, durch zwei Anbauten vergrößert.* Schließlich veröffentlichte Mathias Frei 1965 einen Baualtersplan von Architekt Erich Pattis mit vier verschiedenen Bauphasen.

Aber erst die gezielt vorgenommene Bauuntersuchung von Martin Mittermair und Christiane Wolfgang, die das Südtiroler Burgeninstitut im Winter 2015/16 in Auftrag gegeben hat, schuf zusammen mit Dendrodatierungen von Kurt Nicolussi definitiv Klarheit, was die verschiedenen Bauphasen betrifft. Die folgenden Ausführungen übernehmen in gekürzter Form die noch nicht publizierten, aber dankenswerter Weise zur Verfügung gestellten Ergebnisse.

Im Nordosteck steckt ein Wohnturm von 8,2 x 7,3 m Seitenlänge mit regelmäßigen Steinlagen und breiten Mörtelfugen, der auf die Jahre 1299/1303 dendrodatiert ist. Zu diesem Kernbau gehören die beiden Rundbogenfenster im ersten und zweiten Obergeschoss der Ostseite sowie ein weiteres halbes Fenster dieser Art an

Küchenfenster mit Ausgussstein

der Nordseite, dessen andere Hälfte der später daneben ausgebrochenen Spitzbogentür zum Opfer gefallen ist. Das ursprünglich nur über eine Innentreppe, heute durch eine später ausgebrochene Rundbogentür im Westen zugängliche Erdgeschoss des **Wohnturmes** weist in der Südmauer einen Lichtschlitz aus der Bauzeit und im Norden ein jüngeres Fenster auf. Die ursprüngliche Bodenquote der Bauzeit wurde erhöht, als zu einem späteren Zeitpunkt ein tiefes Kellergeschoss ausgehoben und mit einem Tonnengewölbe versehen wurde. Der Zugang zum Turm lag im ersten Obergeschoss, wahrscheinlich dort, wo sich auch heute noch die allerdings im 17. Jahrhundert umgestaltete

Eingangstür befindet. Die von außen sichtbare, im Inneren später teilweise vermauerte und zu einem Fenster umgestaltete gekehlte Spitzbogentür in der Nordmauer des zweiten Obergeschosses, die ursprünglich wohl auf einen Söller führte, stammt hingegen aus gotischer Zeit. Der Wohnturm zeigt im Norden auf einer Höhe von rund 11 Metern eine Reihe von abgeschnittenen Balkenköpfen, von denen einer genau an der Nordostecke liegt. Auf einer älteren Fotografie aus der Zeit um 1900 (Abb. S. 10) sieht man auch im Osten die später vermauerten Balkenlöcher. Dieser Befund deutet auf eine vorkragende hölzerne Plattform oder ein weiteres Geschoss in Holzbauweise hin. Der Kernbau war von einer rechteckig angelegten Ringmauer umgeben, die im Westen einen kleinen, im Osten einen größeren Hofraum umschloss. Reste haben sich in späteren Bauteilen und in der südlichen Gartenmauer erhalten. Nachdem im 14. Jahrhundert kleinere Anbauten im Westen und im Süden des Wohnturmes errichtet sowie die Ringmauer erhöht worden war, stellte man 1423 einen **zweigeschossigen Baukörper** an die Westseite des Kernbaues, der einerseits die freie Fläche bis zur Ringmauer ausfüllte, andererseits über die Südwestecke des alten Turmes nach Süden vorsprang. Zu ebener Erde umfasste er die „Ansetz", einen Wirtschaftsraum zur Weinverarbeitung, im ersten Obergeschoss einen ursprünglich ungeteilten Wohnraum, dessen stein-

Nordansicht ▷

Haupt- und Nebengebäude von Südosten, um 1900

gerahmte Fenster im Norden bzw. Westen breite, fein verputzte und ursprünglich weiß getünchte Rahmungen mit Resten von roten Dekorationsmalereien zeigen. Der Zugang erfolgt durch eine Spitzbogentür in der Westmauer des Wohnturmes auf halber Höhe zwischen erstem und zweitem Stock. Wenig später wurde der an der Südseite des Wohnturmes über zwei Geschosse angebaute, ursprünglich hölzerne Abortschacht ummauert, der sich in Form von zwei übereinander liegenden kleinen Räumen bis heute erhalten hat. Um die Mitte des 15. Jahrhunderts wird auch südöstlich vom alten Wohnturm ein zweigeschossiger Bau aufgezogen, dessen Ost- und Südansicht weiße Fugen in Naturputz zeigen. Der Anbau, in dessen Obergeschoss man vom 2. Stock des Wohnturmes durch eine Tür in der Südmauer und ein paar absteigende Stufen gelangte, war etwas niederer als der Wohnturm und schloss, wie auf dem oben erwähnten Foto zu erkennen, ebenfalls mit Balkenlöchern ab. Um 1465/70 wird der Westtrakt um ein Geschoss erhöht, das gegen Norden eine große Stube, gegen Süden die Küche enthält. Gleichzeitig trennt

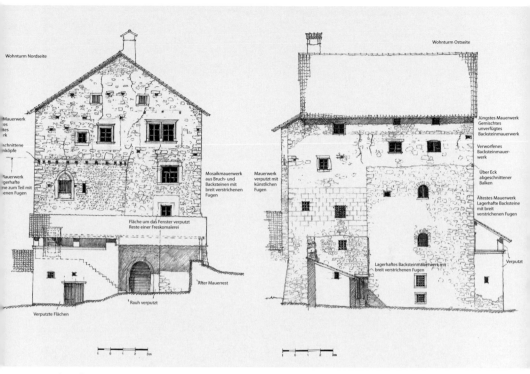

Nord- und Ostansicht, Bauaufnahme 1942, aus: Bauernhöfe in Südtirol, 2004

man auch das darunter liegende erste Geschoss mit einer Riegelwand in einen größeren südseitigen Raum und einen kleineren nordseitigen, der wohl in diesem Zusammenhang ausgemalt wird.

Um 1500 erhält auch der **Südosttrakt** ein zweites Obergeschoss, das über eine gewendelte Steintreppe im ehemaligen Abortschacht zugänglich ist. An den Treppenraum schließt nach Süden ein ungefähr gleich großer Raum an, der sich vom Eckzimmer in einem Bogen öffnet und ein Kreuzgewölbe aufweist, dessen Putzrippen in grauen, gelben und violetten Farbtönen gefasst waren. Die Architekturfarbigkeit, die verschiedene Werksteine vortäuscht, und das geschwungene Schriftband an der Nordwand wurden 2015 gereinigt, während die Südwand durch eine bereits früher eingezogene Eisenschleuder leider gestört ist. Die Malereien entsprechen ebenso wie die abgefasten Fensterrahmungen des Eckraumes gotischen Stilformen und sind spätestens um 1510/20 zu datieren. Die fragmentarische Minuskelinschrift ... *ein gescheiter Mann der ist blind* ... lässt eher an einen profan genutzten, erkerartigen Raum als an eine Kapellennische, wie Sieg-

11

Jagdzimmer, Minnemacht

fried Zadra vermutet hat, denken. Möglicherweise verdeckt die um 1600 eingebaute Spätrenaissance-Täfelung auch noch andere Malereien an den Wänden des Raumes. Gleichzeitig mit der Täfelung wurde in der Nische ein Renaissance-Kachelofen aufgestellt und der verbleibende Raum mit einer Trennwand abgeteilt, um die Beschickung des Ofens von der Küche aus zu ermöglichen.

In der zweiten Hälfte des 16. Jahrhunderts wurde das 3. Obergeschoss aufgesetzt, das im Norden ein Doppel- und ein einfaches Rechteckfenster sowie ein quadratisches Fensterchen, alle in Steinrahmung, zeigt, während die beiden Fenster im Osten nur weiß getünchte Putzrahmungen tragen. Dabei ergab sich die heutige Dachform, während der bis ins 20. Jahrhundert offene Dachboden erst unter

Jagdzimmer, Liebesgarten

Walther Amonn zu Wohnräumen aus-
gebaut wurde.
Die gedeckte Freitreppe und die Umgestaltung der Eingangstür an der
Nordseite gehören einer weiteren
Bauphase an, die in die erste Hälfte
des 17. Jahrhunderts zu datieren ist.
Wie die Jahreszahl 1631 in der Putz-
rahmung eines Fensters beweist,
dürfte zur gleichen Zeit auch der sch-
male Anbau an der Südseite entstanden sein. Ein Teil der kleinen gewölbten Räume enthält heute Nasszellen,
die ehemalige Aborte ersetzen, der
andere, gegen Westen gelegene Teil
wurde 1942 als Kornkammer im 1.
bzw. Speis im 2. Stock genutzt.

Rundgang

D ie Freitreppe an der Nordseite
führt auf ein Podest, von dort
betritt man durch eine Recht-
ecktür, über der ein Marmorwappen
der Herren von Schulthaus ange-
bracht ist, das erste Obergeschoss
des Wohnturms. Der Estrichboden,
die Balkendecke auf Unterzug und
das vergitterte Fenster nach Osten
schaffen einen eher düsteren Raum-
eindruck, der von zart gemalten Ranken an den Wänden aufgehellt wird.
Die Ranke als ein Leitmotiv gotischer
Dekorationsmalerei im sakralen wie

Seite 14/15: Jagdzimmer, Gesamtansicht

im profanen Bereich erfreute sich in Tirol größter Beliebtheit. Die Turmkammer in der Burg Freundsberg bei Schwaz und die Malereien im Hof der Landesfürstlichen Burg von Meran stellen gute Vergleichsbeispiele aus dem Norden und Süden des Landes dar, beide um 1475 entstanden. Eine steile Holztreppe führt nach oben, auf halber Höhe betritt man durch eine Spitzbogentür in der Nordwestecke des Wohnturms den spätgotischen Anbau im Westen.

Jagdzimmer

Der einfache, von zwei Fenstern belichtete Raum ist mit einem gemalten Vorhang in Wandmitte und einem Bilderfries darüber ausgeschmückt.

Jagdzimmer, Katzen-Mäuse-Krieg

Der Blick des Besuchers richtet sich spontan auf die der Eingangstür schräg gegenüberliegende Szene im rechten Teil der Südwand, die sich bei näherem Hinsehen als Katzen-Mäuse-Krieg zu erkennen gibt. Hinter dem Zelt des Mäusekönigs sieht man einen Galgen, an dem eine Maus zwei Katzen aufknüpft. In Bildmitte erhebt sich eine gemauerte Burg mit zwei niederen Anbauten, deren Außenmauern Quaderputz zeigen, während der Hauptbau als Innenraum wiedergegeben ist, in dem der Katzenkönig thront. Von links versuchen Mäuse auf einer Leiter die Burg zu stürmen, die von einer Katze mit Schwert verteidigt wird. Drei Katzen bedrängen Mäuse in einem Ruderboot auf dem Fluss am unteren Bildrand. Rechts sieht man Katzen aufrecht wie Menschen mit langen Lanzen und einem Morgenstern, eine trägt in einem Korb am Rücken gefangene Mäuse. Schließlich überwältigen Mäuse eine liegende Katze, ein Hinweis, dass die Mäuse den Krieg für sich entscheiden konnten.

Mathias Frei hat bereits 1965 die sehr seltene Darstellung als Motiv der verkehrten Welt gedeutet und dessen literarische Quellen bis ins späte Mittelalter und zu Boccaccio zurückverfolgt. Harald Wolter-von dem Knesebeck, der sich 2005 nicht nur mit dieser Szene, sondern mit dem gesamten Bildprogramm des Raumes ausführlich auseinander gesetzt hat, verweist auf altägyptische Vergleichsbeispiele in Wort und Bild, auf ein zwar nicht erhaltenes, aber bezeugtes Wandbild aus römischer Zeit und schließlich

auf die Darstellung aus dem 12. Jahrhundert in der ehemaligen Burgkapelle von Pürgg in der Steiermark. Außerdem konnte er zwei grafische Vorlagen, einen Holzschnitt für den Katzen-Mäuse-Krieg und einen Kupferstich für die folgende Szene, beide aus dem Beginn des letzten Viertels des 15. Jahrhunderts, nachweisen. So wird nun auch die Szene links vom Fenster – drei Männer mit Narrenkappen, die eine Frau auf einem Reittier mit einem Vogel in der Hand an Seilen hält und eine fragmentarischen Inschrift auf einem bewegten Band – verständlich. Thematisiert wird *die Weiber- oder Minnemacht, also die Gewalt, welche die schöne Frau oder eine Personifikation der Minnemacht über den Mann als ihren Minnesklaven ausübt* (Wolter-von dem Knesebeck). Dazu passt die Inschrift, wonach die Reiterin mit ihrem Vogel viele Narren und Affen fängt. Getrennt vom Fenster, dessen Leibungen Blumen in Töpfen zeigen, sieht man auf der gleichen Wand, leider schlecht erhalten, einen Minnegarten mit Brunnen und mehreren jungen Paaren, von denen eines Schach spielt, ein anderes lustwandelt.

Im westlichen Abschnitt der benachbarten Nordwand scheinen zwei Frauen aus einem burgartigen Bau in Richtung des Minnegartens unterwegs zu sein. Rechts vom Fenster markiert ein festes Haus mit Quaderputz, in dem man Schloss Moos erkennen könnte, den Ausgangspunkt einer Jagd auf Steinböcke, die mit lan-

Jagdzimmer, Bärenjagd

Jagdzimmer, Mann und Frau über der Südtür

Jagdzimmer, Steinbockjagd

gen Stangen zum Absturz gebracht und erlegt werden. Der Reigen der Jagdszenen setzt sich mit einer groß angelegten Hirschjagd auf der Ostwand fort, die als edelste Spielart der Jagd besonders ausführlich geschildert wird. Die linke Hälfte der Südwand bis zu der von zwei Holzpfosten gerahmten Tür zeigt eine schwach kenntliche Bärenjagd. Mann und Frau im Feld über der Tür hat Wolter-von dem Knesebeck als Willkommbild im Sinne der Begrüßung durch den Hausherrn und seine Frau interpretiert, während Volker Hille aufgrund

der Handbewegung des Mannes eher an eine Szene aus der populären Schwankliteratur denkt. Tatsächlich wendet sich der Mann von der Frau ab und umfasst mit der Rechten nachdenklich sein Kinn. Da der untere Abschluss verloren gegangen ist, lassen sich Inhalt und Aussage des Bildes nicht eindeutig klären.

Die Fläche über der Eingangstür, erst sichtbar, wenn man sich im Raum umdreht, stellt ein ebenso seltenes wie außergewöhnliches Bildmotiv, einen eigenartigen Laubbaum, auf dem männliche Geschlechtsteile wachsen,

19

Jagdzimmer, Phallusbaum

dar. Nackte Frauen ernten die begehrten Früchte und sammeln sie ein. Während links hinten eine Frau einen vollen Korb am Kopf und noch weitere unter dem Arm trägt, sind vorne zwei Frauen der Früchte wegen in Streit geraten und gehen mit Knüppeln aufeinander los. Eine sehr ähnliche Wandmalerei, 1908 aus der Burg Lichtenberg im Vinschgau abgenommen und im Tiroler Landesmuseum Ferdinandeum in Innsbruck verwahrt, dürfte als Vorbild für Schloss Moos gedient haben. Um 1400 entstanden, schmückte das Bild einen Raum im Palas und feierte dort im Zusammenhang mit anderen Szenen die Macht der Liebe. In Schloss Moos knüpft der Phallus- oder Wunderbaum an die Motive der Minnemacht und der verkehrten Welt an und thematisiert aus männlich-frauenfeindlicher Sicht die angeblichen Auswüchse weiblicher Sexualität. Sie steht, sofern die Interpretation des Willkommbildes über der anderen Tür zutrifft, im Gegensatz zur geordneten, vom Mann bestimmten Ehegemeinschaft. Eine dritte und bisher letzte Wandmalerei mit diesem Bildmotiv wurde vor ein paar Jahren an einem Brunnen in Massa Marittima, der nicht von ungefähr Fonte dell'Abbondanza genannt wird, freigelegt. Das große Fresko aus

Schlafkammer, Gesamtansicht

dem Jahre 1265 ist allein aus dem öffentlichen Standort in anderem Sinne, nämlich als Symbol der Fruchtbarkeit zu interpretieren.

Hat man die Ausmalung des Jagdzimmers früher ins erste Viertel des 15. Jahrhunderts datiert, so steht nunmehr aufgrund der grafischen Vorlagen eine Entstehung um 1470 fest. Der Eindruck einer zur Gänze ausgemalten *camera picta* wird von den zarten Ranken auf weißem Grund, die Balken und Bohlen der Decke schmücken, vervollständigt. Zwei einfache Stollentruhen an der Südwand stellen schlichte, zeitgenössische Möbelstücke dar.

Die **kulturhistorische Bedeutung**, die den Bildern zukommt, wiegt die bescheidene künstlerische Qualität bei weitem auf. Bleiben die Jagdszenen, die ziemlich genau die Hälfte des Bildprogramms ausmachen, im Rahmen des Üblichen, so beanspruchen Minnemacht und Phallusbaum großen Seltenheitswert. Neben ernsthafter Schilderung von drei Jagden wird mit Augenzwinkern vor den Gefahren gewarnt, denen sich ein Mann aussetzt, wenn er einer Frau verfällt. Unweigerlich führt sein Weg von der Narrenkappe zum Sexualobjekt und weiter zur verkehrten Welt im Allgemeinen. Demgegenüber

21

Schlafkammer, Himmelbett von 1692

schaffen Männer auf der Jagd Ordnung und beherrschen die in den Tieren präsente wilde Natur (Wolter-von dem Knesebeck). Dass sowohl der Katzen-Mäuse-Krieg, in dem ausnahmsweise die Katzen nicht jagen, als auch die Frau der Minnemacht, die, anstatt mit dem Falken auf die Beizjagd auszureiten, laut Inschrift mit einem Gauch (Kuckuck) auf Männerfang aus ist, auf eine aus den Fugen geratene Jagd anspielen, erhöht den Reiz des gegensätzlich verschränkten Bildprogramms. An der Funktion des Raumes als Rückzugsort einer geselligen adligen Männerrunde lassen die Bilder keinen Zweifel. Die Lage im ersten Obergeschoss, wo man eigentlich Stube und Küche erwarten würde, ist ungewöhnlich, da Räume, die einem ausgewählten Kreis von Besuchern vorbehalten waren, meist an abgelegeneren Orten platziert wurden. Allerdings ermöglicht das Stiegenhaus einen direkten Zugang zur Stube als Hauptwohnraum ohne das Jagdzimmer zu betreten.

Die Tür in der Südwand erschließt den anschließenden Raum, der ursprünglich als **Schlafkammer** gedient haben dürfte und daher von Walther Amonn mit einem Himmelbett von 1692 und einer ungefähr gleichzeitig entstandenen intarsierten Truhe neu eingerichtet wurde. Zwei Türen führen in den südseitigen schmalen Anbau, eine weitere Tür nach Osten in einen kleinen, etwas tiefer liegenden quadratischen Raum und von dort auf gleichem Niveau weiter in das Südostzimmer, das wiederum zur Gänze ausgemalt ist.

Südostzimmer im 1. Obergeschoss

Über einem illusionistisch dargestellten Sockel aus grauen Steinquadern wird eine vor- und zurückspringende hölzerne Brüstung vorgetäuscht. Das gemalte Holztürchen mit feiner Maserung einer tatsächlichen Lichtnische links neben dem Ostfenster perfektioniert die Illusion. Die Brüstung gibt den Blick auf bewegte Ranken mit bunten Blättern und Früchten frei. Jede Wand führt verschiedene Pflanzen vor, im Osten sieht man ein Gewirr von schlauchförmigen Reben mit Weinblättern und Trauben, zwischen denen sich kleine Vögel tummeln. Gegenüber beherrschen Äste einer Eiche mit Eicheln das Feld, in der Holzbalustrade darunter wird die graue Steinrahmung einer Eisentür vorgetäuscht. Sie erschließt einen kleinen fensterlosen Raum im Westen, der einst durch die Ummauerung des ursprünglichen Abortschachtes gewonnen wurde und der heute Vitrinen mit Kostbarkeiten aus den Sammlungen von Walther Amonn enthält. Weiter südlich erkennt man oberhalb der Tür zum Durchgangsraum ein Einhorn mit Bocksbart, leider gestört durch den später veränderten Flachbogen der Tür, dessen rechte Kante original bemalt ist, während links davon bis zur Südwestecke die Malerei fehlt. Die Südwand zeigt dichte Ranken und Früchte des Granatapfelbaums, zwischen denen ein Jäger in eleganter Rückenansicht erscheint. Er trägt ein eng anliegendes Wams, zweifarbige Beinkleider und einen breitkrempigen Hut. In der linken Hand hält er einen

Südostzimmer des 1. Obergeschosses, Ostwand

Lichtnische mit illusionistisch gemaltem Holztürchen

Details der Wandmalereien, Westwand

Details der Wandmalereien, Südwand

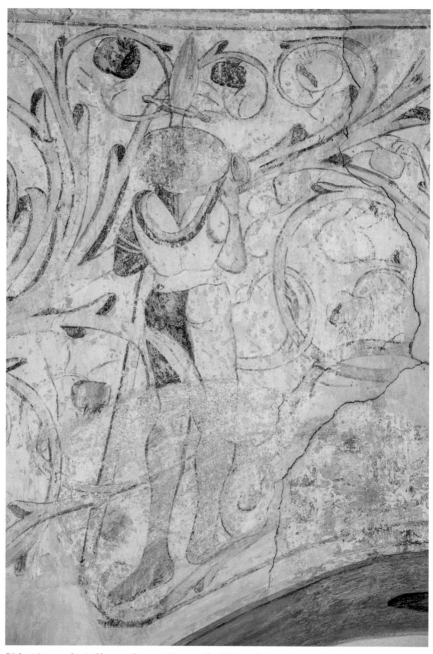

Südostzimmer des 1. Obergeschosses, Jäger an der Südwand

Südostzimmer des 1. Obergeschosses, Nordwand

Jagdspieß mit Knebel, mit der rechten führt er ein Jagdhorn zum Mund. In der Nordwand führt eine etwas höher gelegene Tür, gerahmt von einem gemalten Aststab, um den sich ein Band schlingt, zurück in den Vorraum des 2. Obergeschosses. Der Türflügel mit schönem Renaissance-Ornament, die Bänder und das Schloss stammen aus dem 17. Jahrhundert. Zwischen der gemalten Brüstung und der Decke füllen Blattranken mit Birnen die Flächen zu beiden Seiten der Tür. Ein schwarz-weißes Ornamentband

schließt die Wand zur Balkendecke hin ab, die auf braunem Grund zarte Ranken zeigt. Als ob der Betrachter auf einer rundum freien Altane mit hölzerner Brüstung stehen würde, holen die gemalten Ranken die umliegende Natur ins Haus herein und legen Zeugnis ab von einem neuen Verhältnis zur Landschaft. Einzig der Jäger nimmt nochmals das Thema des Jagdzimmers auf. 1942 diente der Raum als Küche im Süden und Vorraum im Norden. Unter Walther Amonn wurde die Trennmauer abgebrochen und die Einheit des Raumes wiederhergestellt.

Vorraum im 2. Obergeschoss des alten Turmes

Zu den zarten Ranken, die wie im Stock darunter den Raum schmücken, treten hier auch figürliche Malereien. An der Westwand sieht man zu beiden Seiten der erhöht liegenden Stubentür zwei vergitterte Fenster, hinter denen wilde Tiere eingesperrt sind. Das Bild links wurde zur Gänze übermalt, während das rechte, von der später errichteten Holztreppe in das 3. Obergeschoss leider überschnitten, wesentlich besser ist und auch den Käfig, in dem sich der Löwe befindet, erkennen lässt. An der gleichen Wand oberhalb der Treppe, die von unten heraufführt, erscheint ein überlebensgroßer Christophorus mit dem Christuskind auf der linken Schulter und dem grünenden Baum

Vorraum im 2. Obergeschoss des alten Turmes

Vorraum im 2. Obergeschoss, Tier im Käfig

in der rechten Hand. Der Heilige begegnet meist weithin sichtbar an den Außenwänden von Kirchen, es gibt aber auch Darstellungen im Inneren von Häusern, wie beispielsweise im Ansitz Untermoosburg in Goldrain.

Mit der Treppe ansteigend und gleichsam den Besucher begleitend zeigt die Nordwand zwei Männer, die in Bewegung und Gestik nach oben weisen. Der untere ist kahlköpfig, der obere, der sich ihm zuwendet, trägt dichtes Haar- und Barthaar. Die Leibungen der zu einem Fenster umgestalteten gotischen Tür lassen wiederum zwei Standfiguren erkennen,

◁ Vorraum im 2. Obergeschoss, Christophorus und zwei Männer am Treppenaufgang

von denen allerdings nur der obere Teil erhalten geblieben ist. Beide tragen schwarze Kopfbedeckungen, der Mann links ein rotes Gewand, sein Pendant rechts ein weißes Gewand mit schwarzem Mantel und Kapuze. Ein unleserliches Schriftband begleitet im Halbkreis den Kopf der durch eine Fehlstelle schwer beeinträchtigten Figur. Entlang der Ostwand führte die ursprüngliche Treppe ins Dachgeschoss, wie man am Abdruck der Stufen deutlich erkennen kann. Aus den rot grünen Ranken darunter lugt ein Männchen hervor, dessen eingerollte Zipfelmütze ihn als kleinen Narren ausweist. Auch links von der ehemaligen Treppe erkennt man eine Narrenfigur mit Steckenpferd. Mit Ausnahme des hl. Christophorus

Vorraum im 2. Obergeschoss, Truhe von 1551 mit Allianzwappen Vintler-Mitterhofer

gehören die Männer und die Tiere hinter Gittern der Welt der Narren, Bärentreiber und Possenreißer an, eine genauere Interpretation ist nicht zuletzt aufgrund des schlechten Erhaltungszustandes bisher nicht gelungen.

Alle Wandmalereien wurden erst um 1960 entdeckt, mit Ausnahme des linken Tierkäfigs, auf den sich eine briefliche Notiz von Walther Amonn aus dem Jahre 1959 beziehen dürfte, wonach der vorige Eigentümer in einem Raum Imitationen von Wandmalereien ausführen hat lassen, um offensichtlich zum Ankauf des Gebäudes anzuregen. Die Freilegung erfolgte zwar nach bestem Wissen von damals, aufgrund der schwach gebundenen Kalkmalerei waren aber Verluste an

der Malschicht unvermeidlich. Die Restaurierung, von anderer Hand ausgeführt, sollte sich bis 1964 hinziehen, wobei der kunstverständige neue Eigentümer nur minimale Retuschen wünschte. Die künstlerische Qualität der Malereien schwankt und ist auf mehrere Maler eines Ateliers zurückzuführen, das wohl in Bozen beheimatet war. Als Auftraggeber kommt am ehesten Ritter Georg von Firmian in Frage, als Entstehungszeit um 1470.

Auf einer Truhe von 1551 mit den Wappen des Bartholomäus von Vintler und der Elisabeth von Mitterhofer, zweier Bozner Adelsfamilien, steht eine spätgotische Holzskulptur, Christus Salvator mit Weltkugel, deren Farbfassung leider verloren gegangen

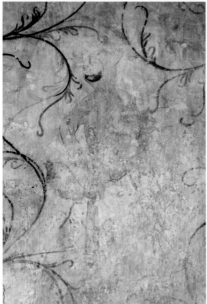
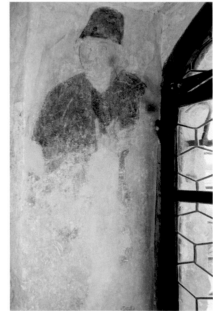

Vorraum im 2. Obergeschoss, Rankenmalereien mit zwei Narrenfiguren an der Ostwand und einem Mann in der Fensterleibung der Nordwand

ist. Zwei weitere Truhen, eine spätgotische und eine von 1682 sowie barocke Holzskulpturen, ein hl. Rochus und ein Schmerzensmann zwischen Maria und Johannes, verdienen ebenfalls Beachtung.

Stube

Vom Vorraum führt eine abgewinkelte Treppe, deren Holzbrüstung einen geschnitzten Handlauf trägt, zur gemauerten Tür mit Eselsrückenholm, die in der Westmauer des alten Turmes ausgebrochen wurde, um den Zugang zur Stube im Anbau zu ermöglichen. Der große, einladende Wohnraum mit gemauertem Ofen beeindruckt durch eine leicht aufgebogene Decke aus Bohlen und Balken, die in Längsrichtung verlegt und an den Schmalseiten in Zargen verankert sind. Die Balken tragen geschnitzte Kerbschnitt-Ornamente in Form eines Taustabs oder eines Taustabs mit Perlschnüren, die auch an drei Seiten der beiden Fenster wiederkehren. Unter jedem Balken sind die beiden Zargen mit großen Ziernägeln befestigt. Die waagrecht verlegten Bohlen an den Wänden waren 1942 bis auf die Verkleidung der Fensternischen abhanden gekommen. Walther Amonn ließ sie wieder anbringen, eine jüngere Trennwand entfernen und den Raum liebevoll einrichten. Auf seine Anregung erhielt das außergewöhnlich große Nordfenster in der Mitte einen Steinpfosten, der 1942 nicht mehr vorhanden war.

Warum die Stube als Herzstück des Hauses im 2. und nicht wie üblich im 1. Obergeschoss eingebaut wurde, wissen wir nicht. Die ungewöhnliche Lage im Nordwesten – Stuben werden meist in einer der südseitigen Ecken des Hauses positioniert – spricht wiederum dafür, dass der südseitige Anbau an den alten Turm bereits bestand, als der Westtrakt

Gotische Stube, Gesamtansicht

erhöht wurde. Die Größe der Stube, die kunsthandwerklich ausgeführte Decke und die Seitensitze an den Fenstern betonen den Charakter adligen Wohnens, obwohl die Stube im ausgehenden Mittelalter auch im bürgerlichen und bäuerlichen Bereich in Tirol weit verbreitet war. Die Decke

Detail der Decke

Seite: 36/37: Küche

35

Küche, offener Herd mit Kaminhut

wurde bisher um 1500 datiert, sie dürfte aber um 1470 nach der Aufstockung des Westtraktes und zugleich mit den Malereien unter Georg von Firmian entstanden sein.

Zwei kleine gotische Kästen mit Kerbschnittornamenten und eine mit Doppeladlern in Brandmalerei reich verzierte Truhe von 1678, geschnitzte Masken und ein barockes Kruzifix im Herrgottswinkel lassen den Raum bewohnt erscheinen.

Küche

Die Stube als rauchfrei heizbarer Hauptwohnraum des Hauses ist stets verbunden mit der Küche, von der aus der Stubenofen beschickt wird. So stößt auch in Schloss Moos die Küche unmittelbar an die Stube und nimmt die südliche Hälfte des Westtraktes ein. Die Feuerstelle, ein offener Herd mit altem Kamin liegt in der Südostecke, der Rauch des Stubenofens musste daher in einem Abzugsschacht längs der Ostwand in den Küchenkamin geleitet werden. Die für eine Küche ungewöhnliche Größe des Raumes und die schwach dimensionierte Trennwand zur Stube erlaubten nicht den Einbau eines Gewölbes, wie er aus Gründen der Feuersicherheit später üblich wurde. In der Südwestecke gegenüber dem offenen Herd hat sich unter dem Fenster der ursprüngliche Schüttstein erhalten. Musste das Wasser ins 2. Obergeschoss heraufgetragen wer-

Südostzimmer des 2. Obergeschosses

Südostzimmer des 2. Obergeschosses,
Hamsterkäfig von 1903

Südostzimmer des 2. Obergeschosses, gotische
Inschrift in der Nische

den, so gestaltete sich hingegen die Entsorgung vergleichsweise mühelos. Zahlreiche, von Walther Amonn gesammelte Haushaltsgeräte lassen die ehemals hier durchgeführten Arbeiten aufleben.

Wir verlassen die Küche durch eine Rundbogentür in der Ostwand, die in einen kleinen Raum führt. Die Steinrahmung, deren Scheitel einen Dreieckschild mit einer kleinen Scheibe in Relief (Wappen?) aufweist, ist eindeutig älter als der Westanbau und muss daher von woanders, vielleicht vom ursprünglichen Eingang in den Wohnturm, hierher versetzt worden sein. Vom Verteilerraum gelangt man linker Hand auf das Treppenpodest im Vorraum, das zur Stubentür führt, oder geradeaus über mehrere Stufen zum Südostzimmer des 2. Obergeschosses.

Südostzimmer des 2. Obergeschosses

Der Raum wird von zwei Fenstern mit abgefaster Steinrahmung belichtet, die Wände erhielten um 1600 eine Renaissance-Täfelung. Bei der Umgestaltung zur Stube wurde in der gewölbten Nische gegen Westen ein Kachelofen aufgestellt, der nach Verkleinerung der Nische ebenfalls von der Küche aus beschickt werden konnte. Dieser Umbau hat die spätgotischen Malereien in der Nische, von denen man heute nur mehr geringe Reste an den Putzrippen des Gewölbes und ein geschwungenes Schriftband mit fragmentarischer Inschrift sieht, stark beeinträchtigt. Vermutlich befanden sich auch an

den anderen Wänden, die von der Täfelung verdeckt sind, Malereien.

Das Erdgeschoss des Westtraktes

Das Erdgeschoss enthält einen einzigen großen Raum, der ursprünglich der Weinverarbeitung diente. In

Erdgeschoss des Westtraktes

großen Bottichen wurde die Maische zur Gärung »angesetzt«, man spricht daher heute noch von »Ansetz«. Die Bezeichnung »Torggl«, die am 1942 erstellten Grundriss aufscheint, leitet sich von einer Weinpresse her, die damals zwar nicht mehr vorhanden, aber früher hier neben den Bottichen aufgestellt gewesen sein dürfte. Die

schwere Balkendecke aus der Bauzeit liegt auf einem Unterzugsbalken, der von einer Mittelsäule mit Kopfbändern gestützt wird. Der gut proportionierte und stimmungsvolle Raum, der einige Höhepunkte aus der Bildersammlung von Walther Amonn bietet, wird mitunter zu Ausstellungszwecken genutzt.

Walther Amonn

Walther Amonn, Büste von Hans Plangger
(Sammlung Walther Amonn)

Walther Amonn, 1898 in Bozen geboren, wuchs in einer wohlhabenden Kaufmannsfamilie auf. Mit 18 Jahren rückte er in den Ersten Weltkrieg ein, kam an die Dolomitenfront und geriet in italienische Gefangenschaft. Nach Universitätsstudien in Leipzig und München übernahm er 1923 mit seinem Bruder Erich die väterliche Firma. Im Kreis um Kanonikus Michael Gamper setzte er sich für die vom Faschismus bedrohte Südtiroler Volksgruppe ein. Nach dem Krieg gründete er mit seinem Bruder Erich die Südtiroler Volkspartei, war für kurze Zeit Vizepräfekt der Provinz Bozen, von 1948–1952 Stadtrat für Finanzen der Gemeinde Bozen sowie bis 1956 Mitglied der Regionalregierung und des Landtages. Schon früh zeichnete er sich als großer Förderer und Mäzen von jungen Künstlern aus, setzte sich aber gleichermaßen für die Erhaltung von Burgen und Kunstdenkmälern der Vergangenheit ein. Besondere Anliegen waren ihm die Rettung der Trostburg und die Errichtung des Südtiroler Weinmuseums. Seit der Zwischenkriegszeit verlegte er zahlreiche künstlerisch gestaltete Bücher, literarische Werke ebenso wie Kunstbücher. Als begeisterter und weitblickender Bauherr ließ er für sich Villen am Gardasee und am Capo Circeo errichten, restaurierte die Amonnhäuser am Bozner Rathausplatz und Schloss Moos in Eppan. Eine Reihe von Ehrungen wurden ihm zuteil wie die Ehrenmitgliedschaft des Südtiroler Künstlerbundes, des Südtiroler Burgeninstituts und des Tiroler Landesmuseums Ferdinandeum. Außerdem ernannte ihn die Universität Innsbruck zum Ehrensenator, das Land Tirol verlieh ihm das Ehrenzeichen. Nach seinem Tode 1989 wurde er in der von ihm errichteten und künstlerisch ausgeschmückten Gruft am Bozner Friedhof bestattet.
Bei der Eröffnung von Schloss Moos vier Jahre vor seinem Tod konnte Walther Amonn aus gesundheitlichen Gründen nicht dabei sein. Er übermittelte der Festgemeinschaft einen Text, der auszugsweise hier abgedruckt wird.

Walther Amonn,
Porträt von Peter
Fellin (Sammlung
Walther Amonn)

Es ist für mich nicht einfach, über Sinn und Zweck meiner Stiftung etwas zu sagen. Schon von Jugend an erfüllte mich neben der Lust am Bauen eine große Freude am Sammeln. Ich ging dabei nicht nach einem bestimmten System vor, sondern sammelte alle Gegenstände, die mir aufgrund ihrer künstlerischen Formung gefielen. Bald aber traten die Kunst, das Kunsthandwerk und Objekte der Wohnkultur unseres Landes in den Vordergrund. Dies ist wohl darauf zurückzuführen, daß ich in meinem langen Leben des öfteren Zeuge ernster Gefährdungen der Heimat war. Die Weltkriege, die Diktaturen Mussolinis und Hitlers und als deren Ergebnis das unglückselige Optionsabkommen, waren schwere Bedrohungen unseres Landes und seiner Menschen. Daher trat bei mir und auch bei anderen Sammlern das spezifisch Tirolische in den Vordergrund. Wir versuchten, eben jenes alte kulturelle Erbe unseres Landes zu retten und zu bewahren, das uns die damaligen Machthaber streitig machen wollten. So entstand allmählich eine große und bedeutsame Sammlung, die ich auch nach dem Krieg erweiterte und ausbaute, wobei mein besonderes Interesse der zeitgenössischen Malerei galt. Im Jahre 1956 konnte ich Schloss Moos-Schulthaus erwerben, das damals völlig verwahrlost war. Die Instandsetzungsarbeiten, die sich von 1958 bis 1965 hinzogen, führten zur Entdeckung kunstgeschichtlich wertvoller Fresken und Täfelungen. Ich hatte nun die Möglichkeit, einen Teil meiner Sammlungen für die stilgerechte Einrichtung und Ausstattung der zahlreichen, sehr verschieden gearteten Räume zu verwenden. Die Einrichtung vollzog ich immer im Zusammenspiel aller Bauelemente und Gegenstände. Wie oft habe ich Möbelstücke gerückt, Bilder umgehängt, Skulpturen umgestellt, um ja den richtigen Platz zu finden. Wenn es gelungen ist, in dieser Zeit so großer Zerstörungen und Verschandelungen etwas zur Erhaltung kultureller Werte und zur Verschönerung beizutragen, ist dies die größte Befriedigung, die mir zuteil werden kann.

Gemälde von Carl Moser, Peter Fellin, Albin
Egger-Lienz, Gerhild Diesner (im Uhrzeigersinn)
aus der Sammlung Walter Amonn

Keramikfigur von Maria Dellago, Doppelkreuz mit Leidenswerkzeugen, Pilger mit Rosenkranz in barockem Glasschrein, Blockschachtel von 1773 (im Uhrzeigersinn) aus der Sammlung Walther Amonn

Zeittafel

1299/1303 (dendrodatiert)
Errichtung des Wohnturms als Kernbau

1309
Wolflin von Firmian wohnt in einer domus murata und zinst dafür dem Domkapitel von Trient.

1423 (dendrodatiert)
Der Westtrakt, nur zwei geschossig, wird erbaut.

Mitte 15. Jh.
Der Südosttrakt wird bis zum 1. Obergeschoss angebaut

1465/70 (dendrodatiert)
Der Westtrakt wird um ein Stockwerk erhöht, wohl gleichzeitig erfolgt die Ausmalung

um 1500
Der Südosttrakt erhält ein zweites Obergeschoss

1608
Die Brüder Leonhard und David von Lanser werden mit dem Prädikat »von Moos« in den Adelsstand erhoben.

Um 1615
Schloss Moos kommt im Erbweg an die Familie von Schulthaus.

Um 1850
Ignaz Benedikt von Schulthaus verkauft die Liegenschaft an mehrere Bauern.

1956
Walther Amonn erwirbt das verwahrloste Schloss und lässt es fachgerecht restaurieren.

1982
Gründung der Walther-Amonn-Stiftung.

1985
Eröffnung von Schloss Moos als Museum.

2014
Das Südtiroler Burgeninstitut übernimmt die Führung und Verwaltung des Schlosses

Literatur

J. Weingartner, Bozner Burgen, Innsbruck 1922

J. Weingartner, Die Kunstdenkmäler des Etschlandes, III. Band, Wien 1929

R. v. Granichstädten-Czerva, Überetsch (Eppan, Kaltern, Tramin, Girlan). Ritterburgen und Edelleute, Neustadt an der Aisch 1960

W. Amonn, Ansitz Schulthaus in Eppan, in: Der Schlern 39 (1965), 254–255

M. Frei, Der Katzen-Mäuse-Krieg in einer mittelalterlichen Wandmalerei im Ansitz Moos-Schulthaus (Eppan), in: Der Schlern 39 (1965), 353–359

B. Mahlknecht, Burgen, Ansitze und Schlösser in Eppan, Eppan 1978

Bitschnau, Burg und Adel in Tirol zwischen 1050 und 1300. Grundlagen zu ihrer Erforschung, Wien 1983

S. Zadra, Schloss Moos-Schulthaus o. J.

P. G. Ippoliti OFM – P. A. M. Zatelli OFM, Archivi Principatus Tridentini Regesta, Sectio Latina (1027–1777). Guida a cura dei PP. F. Ghetta e R. Stenico vol. I, Trento 2001

Bauernhöfe in Südtirol. Bestandsaufnahmen 1940–1943. Hgg. von Helmut Stampfer. Band 5 Bozner Weinleiten, Überetsch und Etschtal, Bozen 2004

Harald Wolter-von dem Knesebeck, Zahm und wild: Thematische Spannungsverhältnisse und ihre (topographische) Organisation. Die Wandmalereien des Jagdzimmers von Schloss Moos in Eppan, in: Literatur und Wandmalerei II. Konventionalität und Konversation. Burgdorfer Colloquium 2001. Hgg. von Eckart Conrad Lutz, Johanna Thali und René Wetzel, Tübingen 2005, 479–519

V. Hille, Die mittelalterlichen Wandmalereien auf Schloss Moos in Eppan, in: Der Schlern 87 (2013), Heft 7/8, 72–89

G. Riemann, Schloss Moos. Der Phallusbaum, in: Der Schlern 87 (2013), Heft 7/8, 90–100

M. Mittermair – C. Wolfgang, Eppan, Ansitz Moos-Schulthaus, Bauhistorischer Kurzbefund – Bericht Jänner 2016, unpubliziertes Manuskript, Südtiroler Burgeninstitut.

1. Auflage 2016

© 2016 Verlag Schnell & Steiner GmbH
Leibnizstraße 13, D-93055 Regensburg
Satz: typegerecht, Berlin
Druck: Erhardi Druck GmbH, Regensburg
ISBN 978-3-7954-3010-8

Weitere Informationen zum Verlagsprogramm erhalten Sie unter:
www.schnell-und-steiner.de

Vordere Umschlagseite:
Ansicht von Osten
Rückwärtige Umschlagseite:
Jagdzimmer, Detail aus der Hirschjagd
Rückwärtige Umschlagklappe, außen:
Jagdzimmer, Detail aus dem Katzen-Mäuse-Krieg
Rückwärtige Umschlagklappe, innen:
Baualterspläne von M. Mittermair und C. Wolfgang 2016

Bibliografische Information der Deutschen Nationalbibliothek
Die Deutsche Nationalbibliothek verzeichnet diese Publikation in der Deutschen Nationalbibliografie; detaillierte bibliografische Daten sind im Internet über http://dnb.dnb.de abrufbar.

Foto- und Bildnachweis: S. 2, 10 Fotoarchiv des Amtes für Bau- und Kunstdenkmäler, Bozen; S. 48 Autonome Provinz Bozen – Südtirol – Amt für raumbezogene und statische Informatik; Baualtersplan, Umschlagklappe: M. Mittermair – C. Wolfgang, Eppan, Ansitz Moos-Schulthaus, Bauhistorischer Kurzbefund – Bericht Jänner 2016, unpubliziertes Manuskript, Südtiroler Burgeninstitut; rückwärtige Umschlagseite innen: Roberto Codroico; alle anderen Aufnahmen Dr. Peter Daldos, Spherea 3D.

Burgenland Südtirol

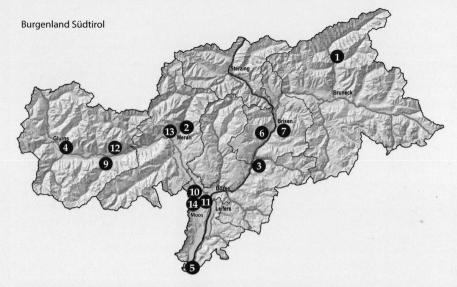

In der vom Südtiroler Burgeninstitut, Bozen, begründeten Reihe „Burgen" sind erschienen:

Burgen 1
Alexander von Hohenbühel
Taufers (2006)

Burgen 2
Franz Spiegelfeld
Schloss Schenna (2008)

Burgen 3
Alexander von Hohenbühel
Trostburg (2008)

Burgen 4
Helmut Stampfer
Churburg (2009)

Burgen 5
Walter Landi
Haderburg (2010)

Burgen 6
Leo Andergassen
Schloss Velthurns (2010)

Burgen 7
Johann Kronbichler
Hofburg Brixen (2010)

Burgen 9
Leo Andergassen
Montani (2011)

Burgen 10
Walter Landi,
Helmut Stampfer, Thomas Steppan
Hocheppan (2011)

Burgen 11
Leo Andergassen, Helmut Stampfer
Burg Sigmundskron (2014)

Burgen 12
Leo Andergassen, Florian Hofer
Kastelbell (2013)

Burgen 13
Leo Andergassen
Schloss Tirol (2015)

Burgen 14
Helmut Stampfer
Moos (2016)

SÜDTIROLER BURGENINSTITUT
Obstplatz 25 · I-39100 Bozen
Tel./Fax +39 0471 982255
www.burgeninstitut.com